ALPHABET DE LA POUPÉE

PARIS. — THÉODORE LEFEVRE, EDITEUR.

ALPHABET DE LA POUPÉE

PARIS. — IMP. SIMON RAÇON ET COMP., RUE D'ERFURTH, 1.

PARIS. — THEODORE LEFÈVRE, EDITEUR

1865

LETTRES MAJUSCULES

A B C

D E F

G H I

J K L

M N O

P Q R

S T U

V X Y Z

LETTRES MINUSCULES

a b c d e f
g h i j k l
m n o p q r
s t u v x y z

LETTRES ITALIQUES

a b c d e f g h
i j k l m n o p
q r s t u v x y z

LETTRES ANGLAISES MAJUSCULES ET MINUSCULES

A B C D E F

a b c d e f

G H I J K L

g h i j k l

M N O P Q R

m n o p q r

S T U V W X

s t u v w x

Y y Z z

A a
Ar-moi-re

B b
Ber-ceau

C c
Cha-peau

1.

D d
Dé–pit

E e
É-ven-tail

F f
Fi-chu

G g
Ga-teau

H h
Ho-chet

I i
Indiscrète

J j
Ju-pon

K k
Ki-os-que

L l
La-veu-se

M m
Man-chon

N n
Nourrice

O o
Ombrelle

P p
Por–trait

Q q
Que-rel-le

R r
Ro–be

S s
Sou-liers

T t
Tabouret

U u
Uniforme

V v
Voi-le

Z z
Zou-a-ve

SYLLABES DE DEUX LETTRES

a	e	i	o	u
ba	be	bi	bo	bu
ca	ce	ci	co	cu
da	de	di	do	du
fa	fe	fi	fo	fu
ga	ge	gi	go	gu
ha	he	hi	ho	hu
la	le	li	lo	lu
na	ne	ni	no	nu
pa	pe	pi	po	pu
ra	re	ri	ro	ru
sa	se	si	so	su
za	ze	zi	zo	zu

EXERCICES

ba	ra	li	nu	pe
bi	na	te	po	lu
da	re	si	lo	ri
ha	go	no	fi	vo
gu	ji	zu	la	se
sa	fu	so	za	lu

MOTS DE DEUX SYLLABES

ro-be   **ro-se**

ki-lo   lu-ne   ra-pe
lo-ge   pi-pe   pâ-té
bo-bo   ri-re   ca-ge
rô-ti   ca-fé   do-ge
mu-se   li-me   fê-te

MOTS DE TROIS SYLLABES

vi-pè-re   sa-la-de
ti-ra-ge   pi-lu-le
ra-ci-ne   ca-ra-fe
ce-ri-se   na-tu-re
na-vi-re   ha-bi-le
gi-ra-fe   pa-ra-de
fi-dè-le   ra-pi-de

ca-ba-ne

EXERCICES

Le ci-ga-re de pa-pa. La pe-lo-te de ma mè-re. É-mi-le a lu sa pa-ge. Le do-mi-ci-le du ju-ge. Le ma-la-de se-ra sa-ge. La ju-pe de ma mè-re. Ré-né a sa-li la ca-ge. Cé-li-ne a été ma-la-de.

SYLLABES

ac	ec	ic	oc	uc
ad	ed	id	od	ud
af	ef	if	of	uf
af				ud
es				uf
id				or
os				ar
us				ur
ed	el	ir	it	ad
ic	ec	oc	ad	id
od	es	is	os	or

SYLLABES DE TROIS LETTRES

bac	bal	baf	bor
bar	bef	lap	lec
lif	loc	sel	tar
tac	nif	nor	sac
vol	bof	pic	des
tal	tuf	taf	tir
cir	bur	tue	lus
nir	vir	soc	suc
don	suc	mi	vor

EXERCICES

ki-os-que   gla-ce
ma-la-de   ré-col-te
dis-pu-te   ga-let-te
par-ta-ge   di-net-te
for-tu-ne   pa-ro-le
se-mel-le   jus-ti-ce
lec-tu-re   ti-mi-de

Sau-tez à la cor-de.

Il a per-du le ca-nif.

La bon-ne ré-col-te.

É-mi-lie est sa-ge.

Il ren-ver-se le vin.

eu	beu	jeu	feu
ou	bou	jou	fou
ar	bar	lar	tar
er	ber	per	rer
on	bon	son	ton
ei	bei	fei	lei
oi	toi	roi	soi
un	bur	tur	jur
ai	bai	lai	fai
au	lau	sau	vau
air	pair	fair	lair
eur	peur	leur	deur

cha-peaux

noir-ceur   lai-deur
pou-lain   im-pair
cou-teau   bon-jour
mi-roir   la-bour
bou-ton   ma-noir
en-train   fleu-ve
four-be   grif-fe

DIPHTHONGUES

ia			tia
ié			vié
io			lio
iar			nié
ion	nour-ri-ce		lié
via	pié	vien	tien
dia	vion	siar	vior
mia	diar	liar	tion
biè	viar	ian	lion
sié	jia	sien	rion
tio	sion	rien	bien

ber-ceau	é-ven-tail
loi-sir	vio-let-te
oi-seau	che-min
or-gueil	mail-let
pé-rio-de	en-tiè-re
bon-té	ar-riè-re
é-toi-le	che-mi-se
a-mi-tié	pen-sion

SIGNES D'ACCENTUATION

Les accents sont des signes destinés à indiquer la prononciation qu'on doit donner à différentes lettres.

Il y a trois sortes d'accents :
Accent aigu ′, Accent grave ˋ, Accent circonflexe ˆ,

L'accent aigu (′) se met sur les *e* fermés : *Été, répété, vérité.*

L'accent grave (ˋ) se met sur les *e* ouverts : *Père, mère, frère.*

L'accent circonflexe (ˆ) se met sur les voyelles longues : *Pâte, tête, même.*

Je me suis bien a-mu-sée à dan-ser a-vec tou-tes mes pe-ti-tes a-mies.

J'ai bien ré-ci-té ma fa-ble et ma-man m'a don-né u-ne i-ma-ge pour me ré-com-pen-ser.

La lan-ter-ne de ma tan-te a é-té per-due hier par ma pe-ti-te cou-si-ne, en re-ve-nant de chez Ma-rie.

Un jour qu'il fai-sait bien beau, la pe-ti-te Loui-se dit à sa ma-man : — Veux-tu que j'ail-le me pro-me-ner a-vec Ge-ne-viè-ve.

— Oui, je le veux bien, mais a-vant il faut d'a-bord li-re ta le-çon, viens t'as-seoir sur ce pe-tit ta-bou-ret.

Ma-man, voi-là qu'il pleut, je ne pour-rai pas sor-tir : c'est bien en-nuy-eux ; il va fal-loir res-ter à la mai-son.

— Ne te dé-so-le pas, com-me tu as bien lu, je vais te don-ner la bel-le pou-pée que ta mar-rai-ne t'a ap-por-tée le jour qu'el-le est ve-nue te voir.

— Oh! mer-ci, ma-man, je vais bien m'a-mu-ser, je lui nat-te-rai les che-veux et lui met-trai sa bel-le ro-be.

HISTOIRE
d'une
POUPÉE

— Bonjour ma chère Louise, disait une charmante petite fille de cinq ans.

— Embrasse-moi, Caroline,

répondit une autre petite fille, je suis contente de te voir.

— J'ai apporté le ménage que ma tante m'a donné, nous ferons la dînette pour le baptême.

— Oui, mais avant il faut que je lève ma fille, répliqua Louise en s'approchant d'un berceau entouré de rideaux brodés.

Les deux enfants regardèrent avec admiration une jolie pou-

pée. Elle avait des cheveux blonds frisés, de beaux yeux bleus. Ses joues étaient roses et blanches

— Il est tard, il faut te lever, dit Louise en prenant la poupée.

— Maman, répondit celle-ci.

— Tiens, voici ses bas et ses souliers, Louise.

— Bien, donne-moi son jupon à présent.

— Lequel? j'en vois un qui est brodé et un autre qui a des volants.

— Je lui mettrai le brodé.

— Maintenant passe-moi sa robe de soie rose. Regarde comme ma fille est belle avec cette jolie toilette.

— C'est vrai, mais tu as oublié de la coiffer, et tu vas salir sa robe.

— Oh! comment faire?

— Enveloppe-la dans un peignoir de batiste.

— Aïe! aïe! cria la poupée.

— Que vous êtes insupportable, aussitôt que je vous touche les cheveux vous criez.

Tenez-vous tranquille, ou je ne pourrai jamais vous faire vos papillotes.

Mais la poupée glissait entre les genoux de sa maman.

Louise impatientée la serra fortement et quand elle retira

le peignoir, la jolie robe rose était toute chiffonnée.

Louise fut bien triste en voyant le résultat de sa colère. Mais Caroline la consola avec bonté, et elles portèrent la poupée derrière un paravent.

Au même instant sept à huit autres amies de Louise entrèrent dans la chambre.

— Nous venons pour le baptême de ta fille, dirent-elles toutes à la fois. Où donc est-elle?

— Attendez-moi un peu.

Et Louise alla chercher sa

poupée; elle la présenta avec orgueil à ses amies.

— Salue ces demoiselles, ma chère petite, il faut toujours être polie.

— Elle est charmante, s'écria-t-on de tous les côtés.

— C'est malheureux que sa robe soit déjà toute gâtée, dit une voix.

A ces mots Louise rougit beaucoup.

— Comment appellerons-nous cette poupée, demanda Caroline.

Les enfants s'assirent et après plusieurs avis le nom de Marie fut adopté.

— Chère petite, remercie mes amies pour le nom qu'elles t'ont choisi.

La poupée s'inclina avec grâce devant la société.

Caroline proposa alors de mettre le couvert pour faire le repas du baptême.

On vit bientôt une jolie table d'acajou. Toutes les compagnes de Louise s'empressèrent de la couvrir avec des assiettes de porcelaine blanche ornée de fleurs,

de petites fourchettes en argent, de verres de cristal, de cuillers et de couteaux avec des manches de nacre.

Les gâteaux, les crèmes, les

fruits et les bonbons réjouissaient la vue des enfants; aussi le déjeuner fut-il très-bruyant, car une vive gaieté l'animait, et les amies de Louise la quittèrent enchantées de leur journée.

Quand Louise se trouva seule avec sa poupée, elle lui parla ainsi:

— Marie, je ne suis pas contente de toi.

Tu as été très-gourmande, tu as mangé beaucoup de gâteaux et de dragées. Une petite fille bien élevée ne doit rien prendre avant que sa maman ne le lui permette.

J'espère qu'une autre fois tu seras plus sobre.

Réponds-moi.

Comment! vous jouez avec le perroquet quand votre maman vous fait une observation; vous êtes très-impertinente, mademoiselle, allez en pénitence.

Et la poupée fut mise dans un coin.

Le lendemain matin, Louise assit sa poupée dans un fauteuil, prit un livre et dit:

— Tu as eu le temps d'apprendre ta fable, répète-la-moi; si je suis contente, nous irons promener.

— C'est très-bien, dit la petite maman un instant après.

Je vais te mettre ton chapeau

et nous rendrons une visite à mon amie Caroline.

Cette visite t'ennuie, et tu préfèrerais jouer avec le chien, dis-tu.

Apprenez, mademoiselle, que les enfants doivent toujours être contents de sortir avec leur maman; ainsi ne faites plus d'observations, et quittez, je vous prie, cet air maussade.

La mère et la fille arrivèrent

bientôt chez Caroline qui, aussitôt qu'elle les vit, courut chercher un joli polichinelle pour Marie.

— J'ai une voiture traînée par deux chèvres; veux-tu venir promener dedans, proposa Caroline.

— Avec grand plaisir.

Les deux amies et la poupée prirent place dans une charmante

calèche découverte, et la promenade commença.

Malgré les prières de Caroline, Louise ramassa une branche d'épines, et en frappa les chèvres. Ces pauvres bêtes ainsi maltraitées quittèrent le chemin, allèrent sur le gazon et s'embarrassant les jambes dans un tuyau qui était pour arroser, elles renversèrent la voiture.

Aux cris des enfants le jardinier accourut.

Il retira de dessous la voiture, les deux petites qui, étant heu-

reusement tombées sur l'herbe, n'avaient pas été blessées.

Mais il n'en fut pas de même de la pauvre poupée : dans sa chute elle avait rencontré un caillou, et elle s'était fait une blessure à la tête.

Le fils du jardinier tressa

quelques branches, en fit une civière, et aidé de son petit

frère, ils portèrent doucement Marie jusque chez elle.

Ce triste cortége fut reçu par les habitants de la maison venus

au-devant de la blessée, et, avec

beaucoup de précautions, Marie fut mise au lit.

On alla chercher le médecin.

Après avoir examiné la malade, il hocha la tête d'un air sinistre et dit :

— Le cas est très-grave, il faut un repos absolu, le moindre bruit serait très-mauvais pour la malade. Donnez-moi des bandes que j'entoure la tête de la blessée. Aussitôt qu'il eut fait un habile pansement il se retira accompagné de Louise.

Le docteur s'assit devant un bureau, écrivit son ordonnance et lorsqu'il eut fini il présenta le papier à Louise en disant :

— Si vous donnez avec soin

les remèdes que j'ai prescrits, votre fille sera rétablie dans peu de temps.

Ces paroles rendirent Louise très-joyeuse; elles la consolèrent un peu, et elle se promit bien de ne plus être méchante pour les animaux.

La convalescence de la poupée ne fut pas longue, et la maman décida qu'elle donnerait une fête pour célébrer le rétablissement de sa fille.

Elle envoya donc les invitations suivantes :

« Mademoiselle Louise Bernard a l'honneur de vous inviter à venir au bal qu'elle donnera le 15 juin 18..

« On se réunira à 1 heure de l'après-midi. »

Le matin de ce beau jour arriva. Louise avec la permission de sa mère, avait choisi pour l'endroit où elle devait recevoir ses petites amies, un salon de verdure, bien ombragé par de grands arbres afin que le soleil ne pût incommoder ses invitées.

— Tu n'as pas encore assisté

à un [bal, Marie, dit Louise à sa poupée.

— Non, maman.

— Il faut donc que tu suives exactement mes conseils.

— Oui, maman.

— Tu salueras bien gentiment chacune des invités. Tu auras la même politesse pour celles qui ne seront pas aussi élégamment mises que pour les autres.

— Oui, maman.

— Tu te tiendras bien droite, et surtout tu ne mettras pas tes doigts dans ta bouche, comme tu as la mauvaise habitude de le faire.

— Oui, maman.

— Enfin tu prendras garde de ne pas abîmer ta robe.

— Oui, maman, je serai bien sage.

— Maintenant je vais t'habiller.

Quand la poupée fit son entrée dans le salon, ce fut un cri

d'admiration qui l'accueillit, tant elle était jolie avec sa robe de gaze d'argent et sa guirlande de bluets placée sur ses boucles blondes.

Aussitôt l'arrivée de Marie les rondes commencèrent, et

des voix joyeuses répétèrent les refrains de :

La tour prends garde, de *Nous*

n'irons plus aux bois, de *Mon beau château*, etc.

Lorsque les petites filles furent lasses de la danse, elles organisèrent une partie de *cache-cache*.

Louise dans l'ardeur du jeu se fatigua bientôt de tenir sa poupée dans ses bras, et au lieu de la serrer, elle l'abandonna sur le gazon.

Pauvre poupée! quel fut son effroi en voyant venir à elle le gros Minet.

Ce chat, autrefois le favori de Louise, ne pardonnait pas à la

poupée de lui avoir ravi la tendresse de sa petite maîtresse.

Il s'était promis de saisir une occasion pour se venger.

Il s'approcha donc bien doucement; et quand il fut près de

Marie, il lui tira les cheveux avec ses griffes.

La malheureuse poupée eut beau crier : *Maman! maman!*

Louise ne l'entendit pas; elle était entraînée par l'ardeur du jeu, et elle avait tout à fait oublié sa fille.

Cependant du secours allait arriver à Marie.

Diane, une jeune chienne de chasse, accourut à ses cris; et

comme elle était l'ennemie de *Minet,* elle saisit la robe de Marie et commença à la tirer à elle.

Minet se mit à jurer sans lâcher les cheveux; Diane en fit autant de la robe, et la pauvre poupée tirée par l'un, tirée par l'autre, vit bientôt ses cheveux rester dans les pattes du méchant chat, et sa robe dans la gueule du chien.

Quand Louise revint, et qu'elle trouva la poupée dans ce triste état, elle se mit à pleurer.

Madame Bernard sa mère lui dit :

— Je te recommande toujours de ranger tes joujoux, tu ne l'as pas fait; aussi pour te punir de

ton manque de soin, je ne te

ferai pas réparer ta poupée avant quinze jours.

Louise, au lieu de reconnaître qu'elle avait eu tort, accusa le chat; et toute en colère, la première fois que cette bête vint pour la caresser, elle lui donna un coup de pied.

Madame Bernard, témoin de cette méchante action, doubla la punition de Louise, et ce ne fut

qu'un mois après que la petite

fille rentra en possession de son joujou.

Dans le même temps deux de ses cousins vinrent passer les vacances chez madame Bernard.

Louise fut d'abord très-heureuse de cette nouvelle société.

Malheureusement elle était très-volontaire; et comme elle voulait que tout le monde obéît à ses caprices, elle se plaignait toujours de ses cousins, et les faisait continuellement gronder.

Impatientés, ils résolurent de se venger du mauvais caractère de leur cousine.

Il y avait une escarpolette dans le jardin.

Un jour, ils s'emparèrent de la poupée, la lièrent solidement

sur la planchette, puis ils se mirent à la balancer de toute leur force.

Dans ce mouvement de va et vient la pauvre Marie se trouvait tantôt dessus la planchette, tantôt dessous.

A cette vue Louise poussa des cris perçants; elle trépigna des pieds et se mit dans une violente colère.

Ses cousins impitoyables faisaient toujours voler la poupée dans les airs.

Cependant ils finirent par la lui rendre, et Louise reconnut qu'une petite fille doit toujours être aimable pour les autres, si elle veut qu'on le soit pour elle. Aussi dit-elle à Marie.

— Vois-tu, ma chère petite, il faut toujours être complaisante pour tes cousins. Ne les fais jamais gronder.

— Non, maman.

— Tu me promets de bien suivre mes conseils.

— Oui, maman.

— C'est très-bien, reste tran-

quille pendant que je vais étudier mon piano.

Prends ton dé, ton aiguille, ton fil, et fais un ourlet à ce mouchoir.

— Montre-moi si tu as bien travaillé pendant mon absence,

dit Louise en revenant vers sa poupée.

— Oh! la paresseuse! Qu'a-

vez-vous donc fait depuis une heure.

Vous avez regardé par la fenêtre. Fi la vilaine petite fille!

Pour vous apprendre à être plus sage une autre fois, vous ne mangerez pas de dessert à votre dîner.

Le soir, Louise causait de nouveau avec sa poupée.

— Écoute, Marie, maintenant que je t'ai pardonné ta faute, tu

vas venir avec moi dans la cuisine.

Grand'maman ne le saura pas, et nous verrons ce que ma bonne cache dans la corbeille qu'elle a mise sur une planche.

Louise entra dans la cuisine, malgré la défense de sa mère, monta sur une table.

Puis elle se leva sur la pointe des pieds, pour regarder dans la corbeille.

Mais elle perdit l'équilibre,

eut peur et pour se retenir elle lâcha la poupée.

4.

Celle-ci rebondit sur une casserole et fut lancée par la fenêtre au milieu d'une mare qui était dans la basse-cour.

Les canards dérangés au milieu de leurs amusements pous-

sèrent des formidables *couin couin*, et la fille de basse-cour, arrivant à leurs cris, retira la poupée.

Mais cette fois la curiosité de Louise fut cause qu'elle était tout à fait perdue.

Car la poupée s'était brisé les bras et les jambes. La peinture qui ornait sa figure était partie dans l'eau, et elle avait les yeux crevés.

Ainsi finit une des plus charmantes poupées, et cette cata-

strophe arriva par la faute d'une petite fille curieuse et désobéissante.

CHIFFRES ROMAINS

I	II	III	IV	V
Un.	Deux.	Trois.	Quatre.	Cinq.

VI	VII	VIII	IX	X
Six.	Sept.	Huit.	Neuf.	Dix.

L	C	D	M
Cinquante.	Cent.	Cinq cents.	Mille.

CHIFFRES ARABES

1 2 3 4 5 6 7 8 9 0

Quinze..........	15	XV
Trente-trois. . . .	33	XXXIII
Cent dix-sept.. . .	117	CXVII
Cinq cent six. . .	506	DVI
Mille vingt-trois. .	1,023	MXXIII

Nous avons cinq sens qui nous servent à voir et à sentir tout ce qui nous entoure. Ce sont :

La Vue, — l'Ouïe, — l'Odorat, — le Goût, — et le Toucher.

L'œil est l'organe de la *vue* et nous sert à voir.

L'oreille est l'organe de l'*ouïe* et nous sert à entendre.

La langue et le palais sont les organes du *goût*, et nous servent à goûter ce que nous mangeons.

Le nez est l'organe de l'*odorat*, et nous sert à sentir.

Les mains sont les organes du *toucher* et nous servent à sentir ce que nous touchons.

Le temps est divisé en siècles, années, mois, semaines, jours, heures, minutes et secondes.

Il y a cent années dans un siècle.

Une année est l'espace de douze mois : Janvier, — Février, — Mars, — Avril, — Mai, — Juin, — Juillet, — Août, — Septembre, — Octobre, — Novembre, — Décembre.

Un mois est composé de trente jours.

Il y a quatre semaines dans un mois et cinquante-deux dans une année.

Il y a sept jours dans une semaine : Lundi, — Mardi, — Mercredi, — Jeudi, — Vendredi, — Samedi. — Dimanche.

Il y a vingt-quatre heures dans la journée, soixante minutes dans une heure, et soixante secondes dans une minute.

L'année se divise en quatre saisons :
Le Printemps. — l'Été. — l'Automne. — l'Hiver.

Elle commence en janvier, qui est le mois où les enfants sages recevront des joujoux et des étrennes.

Le *Printemps* commence le 21 du mois de mars et finit le vingt et unième jour du mois de juin. — C'est la saison où tout dans la nature renaît à la vie.

L'Été commence le 21 juin et finit le 21 septembre. — C'est la saison où tous les fruits mûrissent et où l'on coupe le blé pour faire le pain.

L'Automne commence le 21 septembre et finit le 21 décembre. C'est la saison où les feuilles tombent des arbres, où l'on cueille les raisins pour faire du vin.

L'hiver, qui succède à l'automne, commence le 21 décembre et finit le 21 mars. — C'est la saison où la terre se repose, où le froid fait mourir tous les insectes nuisibles ; mais c'est aussi la saison où les malheureux ont le plus à souffrir, et où nous devons faire notre possible pour les soulager.

A LA MÊME LIBRAIRIE

NOUVEL ALPHABET INSTRUCTIF ET PITTORESQUE

Contenant un grand nombre d'exercices de lecture et un choix d'historiettes morales. Un beau volume grand in-8 jésus, illustré de plus de 100 jolies figures dans le texte.

  Les 100 figures coloriées. 1 25
   — — en noir. . . . . » 50

LE LIVRE DES PETITS ENFANTS

Contenant des exercices de lecture et un Alphabet illustré des animaux, suivi de Compliments et Fables, par Mme Doudet. In-16.

  Joli cartonnage, 50 figures coloriées. 1 75

CONTES A MA PETITE FILLE
ET A MON PETIT GARÇON

Par Mme de Renneville. Nouvelle édition, augmentée du *Prince Adolphe*, par Mme Woillez. Un vol. in-12 orné de 12 figures sur acier.

  Cartonnage chromo, figures noires. 1 50
   — — figures coloriées. . . . . 2 »

CONTES A MES PETITS ÉLÈVES

Par Mme Wetzell. In-12 orné de 12 figures sur acier.

  Cartonnage chromo, figures noires. 1 50
   — — figures coloriées. . . . . 2 »

AVENTURES D'UNE POUPÉE

Ou Histoire de Merveilleuse, par Mme d'Hauteville. Un joli volume grand in-12, orné de 12 figures sur acier et d'un grand nombre de vignettes dans le texte.

  Cartonné, jolie couverture en chromo. 2 60
  Relié en toile rouge, écusson spécial, tr. dorée. 3 50
  Les figures coloriées. 1 40

Corbeil. — Typ. et stér. de Crete.

www.ingramcontent.com/pod-product-compliance
Lightning Source LLC
LaVergne TN
LVHW020108100426
835512LV00040B/2152